Impressum
Verlag: BABADADA GmbH, Nedderfeld 112 , 22529 Hamburg
Geschäftsführer / Verlagsleitung: Harald Hof
Druck: Books on Demand GmbH, In de Tarpen 42, 22848 Norderstedt

Imprint
Publisher: BABADADA GmbH, Nedderfeld 112 , 22529 Hamburg, Germany
Managing Director / Publishing direction: Harald Hof
Print: Books on Demand GmbH, In de Tarpen 42, 22848 Norderstedt, Germany

教室
Klassenstuuv

除
delen

186/2

黑板
Tafel

校园
Schoolhoff

老师
Schoolmeester

书写
schrieven

纸
Papeer

钢笔
Sticken

办公桌
Schrievdisch

直尺
Lienholt

书
Book

学生
Schöler

书包
Ranzel

铅笔盒
Feddermapp

铅笔
Bleesticken

卷笔刀
Scharpmaker

橡皮擦
Radeergummi

画板
Tekenblock

图画
Teken

画笔
Pinsel

颜料盒
Malkassen

剪刀
Scheer

胶水
Klever

练习册
Heft to'n Öven

家庭作业
Huusopgaav

12

数字
Tall

2+2

加
tohooptellen

5-2

减
aftrecken

2×2

乘
malnehmen

计算
reken

A

字母
Bookstaav

ABCDEFG HIJKLMN OPQRSTU VWXYZ

字母表
ABC

字
Woort

课文
Text

读
lesen

粉笔
Kried

上课
Stunn

登记
Klassenbook

考试
Pröven

证书
Tüügnis

校服
Schooluniform

教育
Utbillen

百科全书
Nakieksel

大学
Universität

显微镜
Mikroskop

地图
Koort

废纸筐
Papeerkorf

酒店
Hotel

Grand

青年旅社
Harbarg

外币兑换处
Wesselstuuv

手提箱
Kuffer

汽车
Auto

语言

Spraak

是/否

jo / ne

好的

Jo

您好

Moin

翻译员

Översetter

谢谢

Dank ok

……多少钱？

Wat kost…?

我不明白

Ik verstah nich

问题

Problem

晚上好！

Goden Avend

早上好！

Moin!

晚安！

Gode Nacht!

再见

Tschüüs

方向

Richt

行李

Bagaasch

包

Tasch

双肩包

Rüchsack

客人

Gast

房间

Stuuv

睡袋

Slaapsack

帐篷

Telt

旅游信息

Touristeninformatschoon

海滩

Strand

信用卡

Kreditkoort

早餐

Fröhstück

午餐

Meddageten

晚餐

Avendeten

票

Fohrkort

电梯

Fohrstohl

邮票

Breefmark

边界

Grenz

海关

Toll

大使馆

Bottschop

签证

Visum

护照

Pass

飞机
Fleger

船
Schipp

消防车
Füerwehrauto

公交车
Autobus

卡车
Lastwagen

汽艇
Motoorboot

自行车
Fohrrad

汽车
Auto

摆渡船

Fähr

小船

Boot

摩托车

Motoorrad

警车

Polizeiauto

赛车

Rönnauto

租车

Lehnwagen

拼车
Carsharing

拖车
Afsleepwagen

垃圾车
Müllauto

发动机
Motoor

汽油
Kraftstoff

加油站
Tanksteed

交通标志
Verkehrsschild

交通
Verkehr

交通堵塞
Stau

停车场
Afstellplatz

火车站
Bahnhoff

轨道
Sporen

火车
Tog

电车
Stratenbahn

货车
Wagon

直升机
Dwarsmöhl

机场
Flooghaven

塔
Tower

乘客
Fohrgast

集装箱
Grootkist

纸板箱
Karton

手推车
Koor

篮子
Korf

起飞/降落
starten / lannen

城市
Stadt

村庄
Dörp

市中心
Binnenstadt

房子
Huus

电影院
Kino

广告
Warf

路灯
Stratenlatücht

街道
Straat

出租车
Taxi

小吃店
Kiosk

CINEMA

行人
Footgänger

人行道
Börgerstieg

十字路口
Krüzen

斑马线
Zebrastriepen

红绿灯
Wessellücht

垃圾箱
Mülltunn

小屋

Hütt

公寓

Wahnung

火车站

Bahnhoff

市政厅

Raathuus

博物馆

Museum

学校

School

大学

Universität

银行

Bank

医院

Krankenhuus

酒店

Hotel

药房

Afteek

办公室

Büro

书店

Bookhökerie

商店

Hökerie

花店

Blomenhökerie

超市

Supermarkt

市场

Markt

百货商店

Koophuus

鱼店

Fischhökerie

购物中心

Inkoopszentrum

海港

Haven

公园
Parkanlaag

长凳
Bank

桥
Brüch

楼梯
Trepp

地铁
Ünnergrundbahn

隧道
Tunnel

公交车站
Busstoppsteed

酒吧
Bar

餐馆
Spieslokal

邮筒
Breefkassen

路标
Stratenschild

停车计时器
Parkklock

动物园
Deertenpark

游泳馆
Baadanstalt

清真寺
Moschee

农场

Buernhoff

污染

Ümweltversmudden

墓地

Karkhoff

教堂

Kark

操场

Speelplatz

寺庙

Tempel

地形

Landschop

树叶
Blatt

指示牌
Wiespahl

路
Weg

草地
Wisch

石头
Steen

树
Boom

徒步旅行者
Wannerer

河
Fluss

草
Gras

花
Bloom

峡谷
Daal

山
Barg

湖
See

森林
Holt

沙漠
Wööst

火山
Füerspien Barg

城堡
Slott

彩虹
Regenbagen

蘑菇
Poggenstohl

棕榈树
Palm

蚊子
Steekmück

苍蝇
Fleeg

蚂蚁
Miegeemk

蜜蜂
Imm

蜘蛛
Spinn

甲虫
Sebber

青蛙
Pogg

松鼠
Katteker

刺猬
Swienegel

野兔
Haas

猫头鹰
Uul

鸟
Vagel

天鹅
Swaan

野猪
Wildswien

鹿
Hirsch

麋鹿
Elk

水坝
Staudamm

风力发电机
Windrad

太阳能电池板
Solarmodul

气候
Klima

服务员
Kellner

菜单
Spieskoort

椅子
Stohl

汤
Supp

披萨饼
Pizza

桌布
Dischdeek

餐具
Bestick

前菜

Vörspies

主菜

Haupteten

甜点

Nadisch

饮料

Drünk

食物

Eten

瓶子

Buddel

快餐

Fastfood

街边小吃

Strateneten

茶壶

Teekann

糖盒

Zuckerdoos

一份饭菜

Portschoon

意式咖啡机

Espressomaschien

高脚椅

Hoochstohl

账单

Reken

托盘

Tablett

刀

Mess

餐叉

Gavel

勺子

Lepel

茶匙

Teelepel

餐巾

Munddook

玻璃杯

Glas

碟子
Töller

汤盘
Suppentöller

碟子
Ünnertass

酱
Sooß

盐瓶
Soltstreuer

胡椒磨
Pepermöhl

醋
Etig

食用油
Ööl

调味料
Krüder

番茄酱
Ketchup

芥末
Mostrich

蛋黄酱
Mayonnaise

特价
Anbott

顾客
Kunn

乳制品
Melkprodukten

购物车
Inkoopswagen

水果
Aaft

肉铺
Slachterie

面包房
Bäckerie

称重
wegen

蔬菜
Gröönsaken

肉
Fleesch

冷冻食品
Deepköhlkost

冷盘
Opsnitt

罐头食品
Konserven

洗衣粉
Waschmiddel

甜食
Snoopkraam

日用品
Huushooltssaken

清洁用品
Reinmaaktüüch

销售员
Verköpersche

收银机
Kass

收银员
Kasserer

购物清单
Inkoopslist

开放时间
Opsparrtieden

钱包
Breeftasch

信用卡
Kreditkoort

袋子
Tasch

塑料袋
Plastiktüüt

水

Water

果汁

Saft

牛奶

Melk

可乐

Cola

红酒

Wien

啤酒

Beer

酒

Spriet

可可

Kakao

茶

Tee

咖啡

Koffie

意式浓缩咖啡

Espresso

卡布奇诺

Cappucino

香蕉

Banaan

苹果

Appel

橙子

Appelsien

西瓜

Meloon

柠檬

Zitroon

胡萝卜

Wöttel

大蒜

Knuuvlook

竹子

Bambus

洋葱

Zibbel

蘑菇

Poggenstohl

坚果

Nööt

面条

Nudeln

意大利面条

Spaghetti

米饭

Ries

沙拉

Salat

薯条

Pommes frites

炸土豆

Braadkantüffeln

披萨饼

Pizza

汉堡包

Hamborger

三明治

Sandwich

炸猪排

Snitzel

火腿

Schinken

萨拉米

Salami

香肠

Wust

鸡肉

Hohn

烤肉

Braden

鱼

Fisch

燕麦片

Haverflocken

穆兹利

Müsli

玉米片

Cornflakes

面粉

Mehl

羊角面包

Croissant

面包卷

Rundstück

面包

Broot

烤面包

Toast

饼干

Keksen

黄油

Botter

凝乳

Quark

蛋糕

Koken

蛋

Ei

煎蛋

Spegelei

奶酪

Kees

冰激凌

Ies

糖

Zucker

蜂蜜

Honnig

果酱

Marmelaad

巧克力酱

Nougat-Creme

咖喱饭

Curry

农舍
Buernhuus

粮仓
Schüün

稻草捆
Strohballen

田野
Feld

马
Peerd

拖车
Hänger

马驹
Fahlen

拖拉机
Trecker

驴
Esel

羊
Schaap

羔羊
Lamm

山羊

Zeeg

奶牛

Koh

牛犊

Kalf

猪

Swien

小猪

Farken

公牛

Bull

鹅
Goos

鸭
Aant

小鸡
Küken

母鸡
Hohn

公鸡
Hahn

鼠
Rott

猫
Katt

老鼠
Muus

牛
Oss

狗
Hund

狗屋
Hunnenhütt

花园浇水软管
Goornslauch

洒水壶
Geetkann

长柄大镰刀
Lee

犁
Ploog

镰刀
Sich

锄头
Hack

长柄草耙
Mestfork

斧头
Ext

独轮手推车
Schuufkoor

饲料槽
Trog

牛奶罐
Melkkann

麻布袋
Sack

栅栏
Tuun

马厩
Stall

温室
Drievhuus

土壤
Bodden

种子
Saat

肥料
Dünger

联合收割机
Meihdöscher

收割
oornen

收割
Oorn

山药
Yamswöttel

小麦
Weten

大豆
Soja

土豆
Kantüffel

玉米
Törksche Weten

油菜籽
Rapp

果树
Aaftboom

树薯
Troopsch Kantüffel

谷物
Koorn

烟囱
Schosteen

屋顶
Dack

落水管
Regenrönn

窗户
Finster

车库
Garaasch

门铃
Döörklock

门
Döör

垃圾桶
Müllemmer

信箱
Breefkassen

花园
Goorn

客厅
Wahnstuuv

浴室
Baadstuuv

厨房
Köök

卧室
Slaapstuuv

儿童房
Kinnerstuuv

餐厅
Eetstuuv

地板
Footbodden

墙壁
Wand

吊顶
Deek

地窖
Keller

桑拿
Hittluftbad

阳台
Balkon

露台
Terrass

游泳池
Swümmbad

割草机
Rasenmeiher

被单
Bettbetog

床罩
Bettdeek

床
Puuch

扫帚
Bessen

水桶
Emmer

开关
Schalter

照片
Bild

壁纸
Tapeet

台灯
Lamp

搁架
Regal

橱柜
Schapp

电视机
Kiekkassen

壁炉
Kamin

花
Bloom

垫子
Küssen

沙发
Sofa

花瓶
Vaas

遥控器
Feernbedenen

地毯
Teppich

窗帘
Vörhang

餐桌
Disch

椅子
Stohl

摇椅
Schuckelstohl

扶手椅
Sessel

书
Book

毯子
Deek

装饰品
Dekoratschoon

木柴
Füerholt

电影
Film

高保真音响
Stereoanlaag

钥匙
Slötel

报纸
Narichtenblatt

油画
Gemälde

海报
Poster

收音机
Radio

笔记本
Opschrievblock

吸尘器
Huulbessen

仙人掌
Kaktus

蜡烛
Kars

冰箱
Köhlschapp

微波炉
Mikrowell

厨房秤
Kökenwaag

洗洁精
Reinmaakmiddel

烤面包机
Toaster

冰柜
Gefreerfack

烤箱
Backaven

垃圾桶
Müllemmer

洗碗机
Opwaschmaschien

炊具
Heerd

锅
Pott

铸铁锅
Gussiesern Putt

炒锅
Wok / Kadai

平底锅
Pann

水壶
Waterkaker

蒸锅

Dampkaakputt

烤盘

Backblick

陶瓷锅

Geschirr

马克杯

Beker

碗

Schaal

筷子

Eetsticken

长柄勺

Suppenkell

铲子

Pannenwenner

搅拌器

Sneebessen

滤网

Kaakseef

筛子

Seef

磨碎机

Riev

研钵

Mörser

烧烤

Grill

明火

Füerstell

菜板

Sniedbrett

擀面杖

Nudelholt

开瓶器

Proppentrecker

罐子

Doos

开罐器

Dosenaapner

隔热手套

Pottlappen

水槽

Waschbecken

刷子

Böst

海绵

Swamm

搅拌机

Mixer

冷藏箱

Iesschapp

奶瓶

Nuckelbuddel

水龙头

Waterhahn

供暖设备
Heizung

淋浴
Bruus

毛巾
Handdook

浴帘
Bruusvörhang

泡沫浴
Schuumbad

浴缸
Baadwann

洗衣机
Waschmaschien

玻璃杯
Glas

水龙头
Waterhahn

瓷砖
Fliesen

便壶
lütte Putt

水槽
Waschbecken

厕所
Tante Meier

蹲便器
Hockklo

坐浴器
Bidet

小便池
Miegbecken

厕纸
Klopapeer

马桶刷
Kloböst

牙刷
Tähnböst

牙膏
Tähnpast

牙线
Tähnsied

洗
waschen

手持式喷淋头
Handbruus

冲洗器
Intimbruus

洗脸盆
Waschschöttel

擦背刷
Rüchböst

肥皂
Seep

沐浴露
Bruusgeel

洗发水
Hoorwaschmiddel

法兰绒
Waschlappen

排水
Afloop

乳霜
Creme

除臭剂
Deodorant

镜子
Spegel

手镜
Kosmetikspegel

剃须刀
Raserer

剃须泡沫
Raseerschuum

须后水
Raseerwater

梳子
Kamm

刷子
Böst

吹风机
Hoordröger

喷发定型剂
Hoorspray

化妆品
Smink

唇膏
Lippensticken

指甲油
Nagellack

化妆棉
Watt

指甲剪
Nagelscheer

香水
Rüükwater

洗漱包

Kulturbüdel

凳子

Schemel

计重秤

Waag

浴袍

Baadmantel

橡胶手套

Gummihanschen

卫生棉条

Tampon

卫生巾

Damenbinn

化学厕所

Chemieklo

闹钟
Wecker

毛绒玩具
Knudeldeert

玩具车
Speeltüüchauto

玩具屋
Poppenhuus

礼物
Geschenk

拨浪鼓
Klöter

气球
Luftballon

床
Puuch

（洋娃娃用）婴儿车
Kinnerwagen

扑克牌
Koortenspeel

拼图
Puzzle

漫画
Billergeschicht

乐高积木

Legostenen

积木玩具

Bustenen

玩具人

Action-Figur

婴儿服

Strampelantog

飞盘

Frisbeeschiev

床铃玩具

Mobile

棋盘游戏

Brettspeel

骰子

Wörpel

火车模型

Modelliesenbahn

安抚奶嘴

Snuller

聚会

Party

绘本

Billerbook

球

Ball

洋娃娃

Popp

玩

spelen

沙坑

Sandkassen

秋千

Schuckel

玩具

Speeltüüch

游戏机

Speelkonsool

三轮车

Dreerad

泰迪熊

Teddyboor

衣柜

Klederschapp

衣服

Tüüch

袜子

Socken

长袜

Strümp

紧身裤

Strumpbüx

围巾
Halsdook

皮带
Liefreem

雨伞
Paraplü

T恤
T-Shirt

运动鞋
Turnschoh

靴子
Stevel

拖鞋
Puuschen

凉鞋
Sandalen

鞋
Schoh

雨靴
Gummistevel

内裤
Ünnerbüx

胸罩
Bostholler

背心
Ünnerhemd

身体
Lief

裤子
Büx

牛仔裤
Jeansnüx

短裙
Rock

女式衬衫
Bluus

衬衫
Hemd

套头衫
Pullover

卫衣
Kapuzenpullover

西装夹克
Blazer

夹克
Jack

外套
Mantel

雨衣
Övertrecker

套装
Kostüm

连衣裙
Kleed

婚纱
Hochtietskleed

西装

Antog

睡袍

Nachtkleed

睡衣

Slaapantog

莎丽

Sari

头巾

Koppdook

包头巾

Turban

波卡

Burka

卡夫坦

Kaftan

(阿拉伯式)长袍长袍

Abaya

泳衣

Baadantog

男式泳裤

Baadbüx

短裤

Korte Büx

运动服

Antog to'n Öven

围裙

Schört

手套

Handschoh

纽扣
Knopp

眼镜
Brill

手链
Armband

项链
Halskeed

戒指
Ring

耳环
Ohrbummel

便帽
Mütz

衣架
Klederbögel

帽子
Hoot

领带
Binner

拉链
Rietslüter

头盔
Helm

背带
Drachtband

校服
Schooluniform

制服
Uniform

围兜
Severböten

安抚奶嘴
Snuller

尿不湿
Winnel

服务器
Server

文件柜
Aktenschapp

打印机
Drucker

纸
Papeer

显示屏
Bildschirm

鼠标
Muus

办公桌
Schrievdisch

文件夹
Orner

键盘
Knoopboord

废纸筐
Papeerkorf

电脑
Computer

椅子
Stohl

咖啡杯
Koffiebeker

计算器
Taschenreekner

因特网
Internet

笔记本电脑

Klappreekner

信件

Breef

消息

Naricht

手机

Ackersnacker

网络

Nettwark

复印机

Kopeerapparat

软件

Software

电话

Klöönkassen

插座

Steekdoos

传真机

Faxapparat

表格

Formulor

文件

Dokument

Weertschop

买
köpen

付钱
betahlen

交易
hanneln

现金
Geld

USD

美元
Dollar

EUR

欧元
Euro

JPY

日元
Yen

RUB

卢布
Ruvel

CHF

瑞士法郎
Swiezer Franken

CNY

人民币
Renminbi Yuan

INR

卢比
Rupie

提款处
Geldautomat

外币兑换处

Wesselstuuv

金

Gold

银

Sülver

石油

Ööl

能源

Energie

价格

Pries

合同

Verdrag

税金

Stüer

股票

Andeelschien

工作

arbeiden

职员

Anstellte

老板

Arbeitgever

工厂

Fabrik

商店

Hökerie

警官
Wachtmeester

消防员
Füerwehrmann

厨师
Kock

医生
Dokter

飞行员
Fleger

园丁

Goorner

木匠

Discher

裁缝

Neihersche

法官

Richter

化学家

Chemiker

演员

Schauspeler

公交车司机

Busfohrer

出租车司机

Taxifohrer

渔夫

Fischer

清洁女工

Reinmaakfru

屋顶工

Dackdecker

服务员

Kellner

猎人

Jäger

画家

Maler

面包师

Bäcker

电工

Elektriker

建筑工人

Buarbeider

工程师

Ingenieur

屠夫

Slachter

水管工

Klempner

邮递员

Postbüdel

士兵

Suldat

建筑师

Architekt

收银员

Kasserer

花农

Florist

理发师

Putzbüdel

售票员

Schaffner

机械师

Mechaniker

船长

Kaptein

牙医

Tähndokter

科学家

Wetenschopler

拉比

Rabbi

伊玛目

Imam

和尚

Mönk

牧师

Paap

铁锤
Hamer

钳子
Tang

螺丝刀
Schruvendreiher

扳手
Schruvenslötel

手电筒
Taschenlamp

挖掘机

Grieper

工具箱

Warktüüchkassen

梯子

Ledder

锯子

Saag

钉子

Nagels

钻机

Bohrer

修
heelmaken

铲子
Schüffel

靠！
Schiet!

簸箕
Kehrblick

油漆桶
Farvpott

螺丝
Schruven

乐器
Musikinstrumenten

打击乐器
Slagtüüch

扬声器
Luutsnacker

低音提琴
Bass-Vigelien

吉他
Rietfiedel

小号
Trumpeet

钢琴

Klaveer

小提琴

Vigelien

贝斯

Bass

定音鼓

Pauk

鼓

Trummeln

电子琴

Keyboard

萨克斯管

Saxophon

长笛

Fleut

麦克风

Mikrofoon

老虎
Tiger

入口
Ingang

笼子
Käfig

斑马
Zebra

动物饲料
Deertenfoder

熊猫
Panda-Boor

动物

Deerten

大象

Elefant

袋鼠

Känguru

犀牛

Neeshoorn

大猩猩

Gorilla

熊

Boor

骆驼

Kameel

鸵鸟

Struuß

狮子

Lööv

猴子

Aap

火烈鸟

Flamingo

鹦鹉

Papagoi

北极熊

Iesboor

企鹅

Pinguin

鲨鱼

Haifisch

孔雀

Pageluun

蛇

Slang

鳄鱼

Krokodil

动物园管理员

Oppasser in'n Deertenpark

海豹

Saalhund

美洲豹

Jaguor

矮种马
Pony

豹
Leopard

河马
Nilpeerd

长颈鹿
Giraff

老鹰
Aadler

野猪
Wildswien

鱼
Fisch

龟
Schildkrööt

海象
Walross

狐狸
Voss

羚羊
Gazell

橄榄球
Amerikaansch Football

骑自行车
Radfohren

网球
Tennis

篮球
Korfball

游泳
Swümmen

拳击
Boxen

冰球
Ieshockey

英式足球
Football

羽毛球
Fedderball

田径
Leichtathletik

手球
Handball

滑雪
Skilopen

马球
Polo

跳
springen

拥抱
ümarmen

笑
lachen

走路
gahn

唱
singen

做梦
drömen

祈祷
beden

亲吻
snuteln

书写
schrieven

画
teken

展示
wiesen

推
drücken

给
geven

拿
nehmen

有
hebben

做
doon

当
sien

站
stahn

跑
lopen

拉
trecken

扔
smieten

摔倒
fallen

躺
liggen

等待
töven

携带
dregen

坐
sitten

穿衣
antrecken

睡觉
slapen

醒来
opwaken

看

ankieken

哭

wenen

抚摸

eien

梳头

kämmen

交谈

snacken

明白

verstahn

问

fragen

听

hören

喝

drinken

吃

eten

清理

oprümen

爱

leefhebben

做饭

kaken

开车

fohren

飞

flegen

航行

segeln

计算

reken

读

lesen

学习

lehren

工作

arbeiden

结婚

de Plünnen tohoopsmieten

缝

neihen

刷牙

Tähnen putzen

杀

dootmaken

抽烟

smöken

寄

schicken

Familje

祖母
Grootmoder

祖父
Grootvadder

父亲
Vadder

母亲
Moder

婴童
Winnelkind

女儿
Dochter

儿子
Söhn

客人

Gast

阿姨

Tant

叔叔

Unkel

兄弟

Broder

姐妹

Süster

前额
▶ Vörkopp

眼睛
Oog

肩膀
Schuller

脸
Gesicht

手指
Finger

下巴
Kinn

手
Hand

乳房
Bost

腿
Been

手臂
Arm

婴童
Winnelkind

男人
Mann

女人
Fro

女孩
Deern

男孩
Jung

头
Arm

背部
Rüch

肚子
Buuk

肚脐
Navel

脚趾
Teh

脚后跟
Hack

骨头
Knaken

臀部
Hüft

膝盖
Knee

手肘
Ellbagen

鼻子
Nees

屁股
Achtersen

皮肤
Huut

脸颊
Back

耳朵
Ohr

嘴唇
Lipp

身体 - Lief

嘴
Mund

牙齿
Tähn

舌头
Tung

脑
Bregen

心脏
Hart

肌肉
Muskel

肺
Lung

肝脏
Lever

胃
Maag

肾脏
Neren

性交
Bislaap

避孕套
Kondoom

卵子
Eizell

精子
Sperma

怀孕
Anner Ümstänn

月经
Menstruatschoon

阴道
Scheed

阴茎
Pint

眉毛
Ogenbroe

头发
Hoor

脖子
Hals

医院
Krankenhuus

救护车
Krankenwagen

轮椅
Rullstohl

骨折
Bruch

医生

Dokter

急诊室

Nootopnahm

护士

Krankensüster

紧急情况

Nootfall

昏迷

ahnmächtig

痛

Wehdaag

受伤
Verwunnen

出血
Blöden

心脏病发作
Hartinfarkt

中风
Slaganfall

过敏
Allergie

咳嗽
Hoosten

发烧
Fever

流感
Gripp

腹泻
Dörchfall

头痛
Koppwehdaag

癌症
Kreeft

糖尿病
Zuckersüük

外科医生
Chirurg

手术刀
Chirurgsch Mess

手术
Operatschoon

CT

CT

X光

Dörchlüchten

超声波

Ultraschall

口罩

Mask

疾病

Krankheit

候诊室

Töövruum

拐杖

Krück

石膏

Plaaster

绷带

Verband

注射

Insprütten

听诊器

Stethoskop

担架

Draag

体温计

Feverthermometer

出生

Geboort

超重

Övergewicht

助听器
Höörapparat

消毒液
Kiemfriemiddel

感染
Ansteken

病毒
Virus

艾滋病
HIV / AIDS

药物
Heelmiddel

接种疫苗
Impen

药片
Tabletten

药丸
Pill

急救电话
Nootroop

血压计
Blootdruck-Meter

生病/健康
krank / gesund

救命！

Hölp!

警报

Alarm

突击

Överfall

攻击

Angreep

危险

Gefohr

紧急出口

Nootutgang

着火啦！

Füer!

灭火器

Füerlöscher

意外

Unfall

急救箱

Noothölpkoffer

呼救信号

SOS

警察

Polizei

欧洲

Europa

北美洲

Noordamerika

南美洲

Süüdamerika

非洲

Afrika

亚洲

Asien

澳洲

Australien

大西洋

Atlantik

太平洋

Pazifik

印度洋

Indisch Weltmeer

南冰洋

Antarktisch Weltmeer

北冰洋

Arktisch Weltmeer

北极

Noordpol

南极
Süüdpol

南极洲
Antarktis

地球
Eerd

陆地
Land

海
See

岛
Eiland

国家
Natschoon

国家
Staat

钟面

Tallenblatt

时针

Stunnenwieser

分针

Minutenwieser

秒针

Sekunnenwieser

现在几点？

Wo laat is dat?

天

Dag

时间

Tiet

现在

nu

电子表

digetaalsch Klock

分

Minuut

时

Stunn

Week

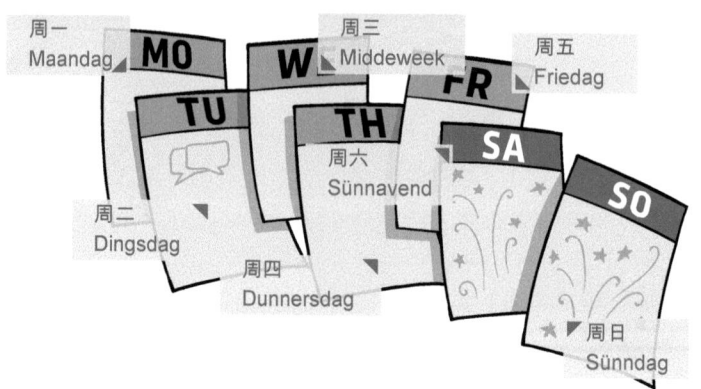

周一 Maandag
周二 Dingsdag
周三 Middeweek
周四 Dunnersdag
周五 Friedag
周六 Sünnavend
周日 Sünndag

昨天

güstern

今天

hüüt

明天

morgen

早晨

Morgen

中午

Meddag

晚上

Avend

工作日

Arbeitsdaag

周末

Wekenenn

雨
▶ Regen

彩虹
▶ Regenbagen

风
◀ Wind

雪
◀ Snee

春
Fröhjohr

秋
◀ Harvst

夏
Sommer

冬
Winter

天气预报

Wedervörhersaag

温度计

Thermometer

阳光

Sünnenschien

云

Wulk

雾

Nevel

潮湿

Luftfuchtigkeit

闪电

Blitz

打雷

Dunner

风暴

Storm

冰雹

Hagel

季风

Monsun

洪水

Floot

冰

Ies

一月

Januormaand

二月

Februormaand

三月

Martmaand

四月

Aprilmaand

五月

Maimaand

六月

Junimaand

七月

Julimaand

八月

Augustmaand

九月

Septembermaand

十月

Oktobermaand

十一月

Novembermaand

十二月

Dezembermaand

形状

Formen

圆形

Krink

正方形

Quadrat

长方形

Rechteck

三角形

Dreeeck

球体

Kugel

立方体

Wörpel

白
witt

黄
geel

橙
orangsch

粉
pink

红
root

紫
lila

蓝
blau

绿
gröön

棕
bruun

灰
gries

黑
swart

很多/少许

veel / wenig

生气/平静

böös / verdreeglich

美/丑

smuck / mies

首/尾

Begünn / Enn

大/小

groot / lütt

明/暗

hell / düüster

兄弟/姐妹

Broder / Süster

干净/肮脏

schier / schietig

完整/缺失

kumpleet / nich kumpleet

白天/晚上

Dag / Nacht

死/生

doot / lebennig

宽/窄

breet / small

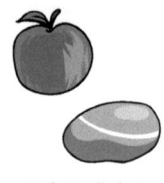

可食用/非食用

geneetbor / nich geneetbor

邪恶/善良

böös / fründlich

兴奋/无聊

fickerig / langwielt

胖/瘦

dick / dünn

第一/最后

toeerst / toletzt

朋友/敌人

Fründ / Fiend

满/空

vull / leddig

硬/软

hart / week

重/轻

swoor / licht

饿/渴

Smacht / Döst

生病/健康

krank / gesund

非法/合法

nich na't Recht / na't Recht

聪明/愚笨

klook / dummerhaftig

左/右

linkerhand / rechterhand

近/远

neeg / feern

新/旧

nieg / bruukt

没有/有些

nix / wat

老/幼

oolt / jung

开/关

an / ut

打开/合上

apen / slaten

安静/吵闹

lies / luut

富/穷

riek / arm

对/错

richtig / verkehrt

粗糙/光滑

ruug / glatt

伤心/高兴

trurig / glücklich

短/长

kort / lang

慢/快

suutje / flink

湿/干

natt / dröög

温暖/凉爽

warm / köhl

战争/和平

Krieg / Freden

反义词 - Gegendelen

0

零

null

1

一

een

2

二

twee

3

三

dree

4

四

veer

5

五

fief

6

六

söss

7

七

söven

8

八

acht

9

九

negen

10

十

teihn

11

十一

ölven

12

十二

twölf

13

十三

dörteihn

14

十四

veerteihn

15

十五

föffteihn

16

十六

sössteihn

17

十七

söventeihn

18

十八

achtteihn

19

十九

negenteihn

20

二十

twintig

100

百

hunnert

1.000

千

dusend

1.000.000

百万

million

英语
Engelsch

美式英语
Amerikaansch Engelsch

普通话
Chineesch Mandarin

印地语
Hindi

西班牙语
Spaansch

法语
Franzöösch

阿拉伯语
Araabsch

俄语
Rusch

葡萄牙语
Portugiesch

孟加拉语
Bengaalsch

德语
Düütsch

日语
Japaansch

我

ik

你

du

他/她/它

he / se / dat

我们

wi

你们

ji

他们

se

谁？

keen?

什么？

wat?

怎样？

woans?

哪里？

woneem?

什么时候？

wannehr?

名字

Naam

后面

achter

里面

in

前面

vör

上方

över

上面

op

下面

ünner

旁边

blangen

中间

twüschen

地点

Oort